Previsioni sulle criptovalute

Contenuto

I dettagli che devi sapere sulle criptovalute 5

Le criptovalute con il maggior impatto e fama 7

I migliori siti web e strumenti per prevedere i prezzi delle criptovalute 10

Modi per prevedere l'aumento e la caduta dei prezzi delle criptovalute ... 15

Le notizie sulle criptovalute con un futuro 19

I portali da leggere per valutare il futuro delle criptovalute 21

Le previsioni più impattanti sulle criptovalute 26

Prezzo dei futures su Ethereum e previsioni 29

Stime future su Nano 33

Previsioni sul prezzo del Dogecoin 34

Previsioni del prezzo di XDAI 38

Analisi del prezzo di Ripple (XRP) 39

Tutte le tendenze dietro Dash 42

Prezzo futuro stimato di Cosmos (ATOM) 44

Sviluppi e previsioni sul prezzo di Chiliz 46

Polkadot e il suo prossimo futuro sulla fascia di prezzo 47

I prezzi a termine di VeChain come campione predittivo 50

Suggerimenti per calcolare il valore futuro di una criptovaluta 51

Fonti per prevedere il futuro delle criptovalute 55

Implementare l'analisi tecnica per misurare il futuro delle criptovalute ... 57

I mercati di previsione più affidabili 68

Il ruolo delle tendenze di Google 70

Applicazione dell'analisi fondamentale nel determinare il futuro delle criptovalute 72

Guida al futuro e alle tendenze delle criptovalute

Nel mondo delle criptovalute, ci sono molte decisioni basate su un alto livello di incertezza, soprattutto ogni scenario dipende dall'anno in cui ci si diletta e dagli eventi esterni che influenzano il prezzo delle stesse, e l'anno 2021 si pone come un'opportunità per recuperare finanziariamente.

L'investimento sui beni, è una realtà moderna soprattutto per imporre qualsiasi livello di liquidità, per questo motivo le criptovalute non cessano di essere una tendenza per aumentare e prendersi cura del reddito, questa brillante alternativa richiede solo la comprensione del potenziale di ciascuno, per sfruttare i loro movimenti.

I dettagli che devi sapere sulle criptovalute

Il flusso di criptovalute è un fatto abituale anche sulle reti sociali, dato che queste valute digitali sono protagoniste di un gran numero di transazioni, grazie al fatto che sono classificate come beni digitali, essendo una rete di computer che fa sì che non ci sia un controllo esterno, ma uno sviluppo decentralizzato.

Avere valute fisiche, è lasciato da parte sotto questa modalità, dove ogni criptovaluta è speciale perché ha una crittografia unica, quindi sono il metodo di pagamento online preferito, dietro ognuno è una varietà di algoritmi composti di crittografia e tecniche.

Nel mondo ci sono circa 10.000 valute virtuali, e questa tendenza è in aumento, come sempre più emergono, essendo una dinamica che è classificata come ICO, questo tipo di valute si distinguono per il tipo di tecnologia, crittografia e filosofia a cui sono sostenuti.

Man mano che emergono nuove criptovalute, allo stesso modo si creano piattaforme per facilitare le transazioni con esse, anche se è vitale distinguere le reti di transazione con i portafogli, e tanto meno altre piattaforme di acquisto, tutte queste sono considerate come risorse per transazioni con criptovalute.

Dopo le ultime notizie di questi media, la proiezione che la Blockchain avrà un maggiore consolidamento delle criptovalute, ciò significa che l'investimento su di loro sta aumentando, quindi sapere quali sono in piena espansione o hanno futuro, è vitale per avere successo su questo mezzo.

Le criptovalute con il maggior impatto e fama

Attualmente, un enorme insieme di criptovalute possiede il loro consolidamento il tempo, e in aggiunta a tutti, hanno fama per la loro redditività, ecco perché sono definiti come i beni del momento che non si può trascurare qualche investimento sul seguente:

1. **Bitcoin (BTC)**

Indubbiamente, Bitcoin rappresenta una delle criptovalute più conosciute e rinomate in tutto il mondo, questo è anche dovuto alla sua importanza come bene pioniere di questo mondo, la sua creazione nel 2008 è stato ciò che ha originato un ambiente finanziario così ampio, e con i suoi 10 anni di traiettoria, significa un'opzione di grande fiducia.

Dal suo lancio, fino ad oggi, ha un notevole aumento di valore, facendola classificare come leader in questo mercato digitale, al di là degli alti e bassi che ha, per questo motivo, sarà sempre concepita come una criptovaluta a cui dedicare attenzione e interesse.

2. **Ethereum (ETH)**

Questo non rappresenta una criptovaluta, ma un'ampia piattaforma che sviluppa il calcolo decentralizzato, cioè è un enorme computer che viene distribuito su un gran numero di computer, questo fa sì che le azioni vengano eseguite simultaneamente.

Nel mezzo di questa rete di distribuzione, ci sono operazioni che vengono effettuate dalla moneta etere, essendo il bene che aggiunge forza a questa rete, dalla sua istituzione, è stato visualizzato un grande aumento del valore storico nell'anno 2020, facendolo essere un obiettivo stesso per essere in piena espansione.

3. **Binance Coin (BNB)**

Binance è sviluppato come un cryptoexchange, e la sua moneta ufficiale è il Binance Coin, il suo design è incentrato sul supporto delle transazioni che vengono effettuate su questa piattaforma, quindi gli sviluppatori che fanno parte dell'Exchange, cercano di suscitare interesse per questo token sotto progetti legati alla Blockchain.

4. Cardano (ADA)

Le transazioni di questa criptovaluta, sono associate alla terza generazione della Blockchain, come un segno di risoluzione dei fallimenti o problemi relativi alla scalabilità, come accade con Ethereum, così questo bene è cresciuto con grande velocità su questo settore, aumentando il valore fino a 45 volte in un anno.

La distinzione di questa criptovaluta si basa sui principi matematici che vengono utilizzati sul meccanismo di consenso, senza tralasciare l'architettura che ha, che la fa notare al di sopra delle blockchain di altre criptovalute, motivo per cui molti stanno scommettendo sul futuro di questa criptovaluta.

5. Tether (USDT)

Rappresenta una valuta stabile, il che significa che la sua circolazione si basa sulla quantità equivalente di valute fiat, queste possono essere l'euro, il dollaro, e anche lo yen giapponese, il suo design ha a che fare con la connessione o l'acquisto tra valute fiat e criptovalute.

Fare transazioni in questo modo, fornisce trasparenza e allo stesso tempo è un risparmio di costi di ogni operazione, in questo caso è legato al dollaro americano, sotto un rapporto

1 a 1, essendo un termine di valore che ha stabilito, quindi è un mezzo per rendere lo scambio di grande popolarità.

I migliori siti web e strumenti per prevedere i prezzi delle criptovalute

Le analisi focalizzate sul futuro delle criptovalute sono varie, tutte cercano di trovare un punto di opportunità per investire con maggiore sostegno, per questo motivo prima di fare qualsiasi passo, è essenziale consultare ciascuno degli strumenti online che possono offrire una visione dei prezzi futuri di questi beni.

- **TradingBeasts.com**

Forex trading, è una specialità completa per questa piattaforma, che si occupa di presentare proiezioni basate sulle varie analisi tecniche che possono essere effettuate, è un'informazione essenziale fornita da questo portale, perché aiuta a riconoscere i rischi su ogni operazione.

Sul tema delle criptovalute, ci sono stati aumenti significativi fino al 3000%, essendo un ottimo modo per rispondere a qualsiasi domanda prima di entrare a investire su qualsiasi criptovaluta, è una risposta garantita a qualsiasi tipo di interesse quando si sceglie un investimento.

Il commercio che è presente sulle criptovalute, è studiato in profondità, in modo che più utenti possano puntare ad arricchirsi rapidamente, per questo è essenziale indagare ogni aspetto su un mercato così mutevole, ecco perché determinare il prezzo può chiarire le azioni future da sviluppare.

La sua determinazione cerca di semplificare la regola del comprare basso e vendere alto, per questo segue ognuno dei movimenti che si trovano sul grafico, oltre a considerare che, dato l'effetto di certe tecnologie, o alcuni finanziamenti, e le reti sociali, ci può essere un aumento del prezzo che è significativo.

Ma l'investimento è ancora un corso rischioso, soprattutto per i commercianti che hanno un alto livello di ignoranza, quindi è meglio seguire le indicazioni o le stime su questo sito, perché possono incoraggiare qualsiasi ottimismo per mezzo di dati più concreti.

- **Investitore del portafoglio**

Le previsioni di questa piattaforma, possono essere acquisite anche con un investimento di 10 dollari, essendo un'altra delle alternative che possono essere sostenute per non perdere di vista il futuro delle criptovalute, ha anche con top o classificazioni sui movimenti delle criptovalute.

Questo tipo di piattaforma vende un vantaggio sul mercato delle criptovalute, e anche su altri asset, in quanto fornisce una sezione di previsione, dove è possibile scegliere il tipo di criptovaluta, così come la gamma di quel prezzo andando avanti, senza lasciare da parte la visione personalizzata dietro ogni asset.

Gli aggiornamenti su qualsiasi attività, si verificano ogni 3 minuti, individuando gli ultimi prezzi da analisi tecnica, ma oltre a questo è accompagnato da un monitoraggio intelligente, l'intera selezione di attività ha questo tipo di trattamento, in modo che chiunque sia alla ricerca di prestazioni, può trovare risposte.

Non c'è dubbio che perché un investimento diventi redditizio, la prima cosa da considerare, è studiare il momento attuale, fino ad ottenere una scoperta che possa far prevalere il futuro, a livello personale questa piattaforma facilita l'imposizione di un intervallo che permette di prendere decisioni con maggiore sicurezza.

- **Cripto terra**

Oltre ad essere uno strumento chiave per seguire il futuro delle criptovalute, funziona anche come un portale che presenta le notizie su ogni asset, aziende correlate o celebrità, cioè permette di fare un'analisi personale sul prezzo delle criptovalute tenendo conto del fattore esterno.

D'altra parte, tutto si basa sullo studio della tecnologia che sviluppano le criptovalute oltre alla blockchain, funziona come una piattaforma mediatica per presentare notizie, questo aiuta il pubblico può prendere in considerazione questi annunci con analisi accattivanti.

L'impegno prevale sulla trasmissione di notizie così come rapporti imparziali su ogni criptovaluta, che lo sforzo è prezioso per seguire da vicino la traiettoria di qualche prezzo, essendo una trasmissione di qualità da parte di esperti che fanno parte della comunità di valuta digitale.

La dinamica di queste notizie, è un grande aiuto per saperne di più su criptovalute e Blockchain, dal 2017 è un mezzo di attenzione a cui andare ciascuno degli utenti che continuano a investire da criptovalute, è riuscito a guadagnare precisione quando si esegue qualche passo.

- **Longforecast.com**

È concepita come un'entità interamente dedicata alla proiezione delle criptovalute, chiamata come The Economic Forecasting Agency, essendo una specialità per misurare ognuno dei mercati finanziari specialmente a lungo termine, per questo si usano indicatori che possono funzionare come previsioni accurate.

Per generare un risultato di un prezzo futuro, si sviluppano metodi matematici, in modo che la statistica stessa sia responsabile dell'emissione di previsioni, dove spicca l'aspetto storico, senza tralasciare l'importanza di correlare certi fatti o incidenze del mercato.

Il lato forte di questo tipo di strumenti, è che si può speculare su ciò che sta per accadere, a cui si aggiunge l'implementazione di alcuni logaritmi che permettono di regolare tutte le azioni che si sviluppano in relazione alle criptovalute, essendo significativi per prendere provvedimenti a lungo termine.

Inoltre, è fondamentale considerare che ci sono strumenti personalizzati per ogni tipo di criptovaluta, quindi un'analisi porta ad un'altra più specifica, il che significa che, quando si sceglie un asset produttivo, poi la ricerca si rivolge al suo comportamento speciale su base individuale.

Modi per prevedere l'aumento e la caduta dei prezzi delle criptovalute

Per conoscere e tenere a mente il futuro del prezzo delle criptovalute, è essenziale analizzare le fluttuazioni che si verificano su questo bene, questo è ciò che impedisce le perdite sugli investimenti, dove i movimenti di mercato possono essere seguiti sotto le seguenti alternative:

- **Operazioni in case di cambio**

È un modo diretto per conoscere ciascuna delle fluttuazioni che si verificano all'interno del mercato, quindi tenendo traccia di questi aspetti, è possibile conoscere le tendenze di acquisto e vendita di criptovalute in tutto il mondo, questo tipo di dati è fornito dalle imprese di scambio di valuta digitale.

Le pubblicazioni in tempo reale, sono una guida importante per investire con maggiore certezza, è un ecosistema che fornisce dati essenziali, in quanto sono totalmente affidabili per riconoscere i tempi buoni per investire, quindi ciò che si dovrebbe controllare sono i tassi di cambio, e alcune altre informazioni di questo tipo.

D'altra parte, è possibile implementare diversi filtri per distinguere determinati movimenti, in mezzo a questa dinamica, l'aumento e la caduta dei prezzi futuri, è possibile visualizzare o almeno speculare, ma senza essere guidati da troppe informazioni, è vitale scegliere un unico punto di riferimento come fiducia.

Il monitoraggio delle chiavi, che ti permette di diventare il futuro delle criptovalute, lasciando da parte qualsiasi informazione in eccesso, è la risposta per esercitare un investimento a lungo termine con una base molto più sicura.

- **Forum e chat**

A volte, invece di esplorare semplicemente le informazioni online, si può anche discutere di avere un monitoraggio molto più intenso, perché permette di condividere ogni pezzo di informazione fino a generare un punto di vista su alcune criptovalute, in modo che il contatto con terze parti può essere molto utile.

Attualmente ci sono una serie di chat aperte al pubblico, ognuna specializzata su una criptovaluta, guardando le informazioni che transitano su questi portali, è possibile prendere misure ottimali, e i cambiamenti e le fluttuazioni sono curati sotto questo tipo di mezzi di analisi.

La dedizione a commentare ciò che sta accadendo nel mercato, è un orientamento importante, perché in momenti è possibile ottenere indicazioni e anche consigli, ma non si può peccato per prendere qualsiasi decisione alla cieca, come sono ambienti di speculazione, uno dei più affidabili è bitcointalk.org, o il caso di Cryptonoticias.

- **Osservazione esperta e notizie**

Le mosse di investimento, sono anche ricreate in anticipo da esperti di criptovalute, la loro opinione è preziosa da considerare o stimare come una sorta di consiglio, la cosa essenziale è che sono fonti che possiedono conoscenza, ma allo stesso tempo che genera reddito come pegno della loro saggezza.

Al giorno d'oggi si possono trovare notizie che trattano in profondità il prezzo, e soprattutto gestire le osservazioni sul comportamento nelle case di scambio, quando queste opinioni provengono da esperti, possono essere chiave o determinante sul valore del bene durante i tempi futuri.

La dedizione a seguire ogni ascesa e caduta, è oggi fatto da molti esperti, questo può essere fatto a favore come una consapevolezza della visione professionale, questo tipo di notizie non perde di vista il comportamento che esiste sui beni, che favorisce il mercato allo stesso tempo.

- **Funzione dei robot**

Al giorno d'oggi, si usano applicazioni che diventano il miglior alleato di un investitore, questo succede con lo strumento conosciuto come CryptoPing, questo è responsabile del monitoraggio del mercato, è anche un'utilità da una piattaforma per non perdere di vista i dati che concorrono al mercato.

Questo tipo di rete, segue da vicino ognuno degli incidenti che fanno parte di Poloniex, Cryptoopia, e anche Bittrex, dove è possibile configurare sullo studio delle criptovalute che è di vostro interesse, cioè si tratta di funzioni che sono completamente personalizzate, per raccogliere le variabili che fanno parte di esso.

Il robot fa parte della piattaforma, e opera direttamente con Telegram, presto si prevede di progredire a Slack e Discord, la funzione è che c'è un'emissione di dati automaticamente, in modo che quando c'è un fenomeno importante nel mercato, viene emesso un segnale per agire.

Ma questo tipo di robot, per il momento si concentra sui movimenti delle case di scambio, ma le previsioni sono la prossima funzione da includere, essendo un modo ideale per avere il polso di ciò che accade esternamente nel mercato, queste misure sono parte di quella concentrazione o lettura che il mercato merita.

Le notizie sulle criptovalute con un futuro

Il decollo di alcune criptovalute può essere una questione di tempo, quindi più si può dedicare attenzione a questi aspetti, in un lasso di tempo può sorgere guadagni significativi, quindi è essenziale prendere in considerazione la seguente selezione di attività per indagare su di loro prima di investire nel futuro.

- **Cryptoeuros**

Questa alternativa è associata alle notizie che sostengono la relazione tra la Banca centrale europea, e l'emissione di criptovalute, essendo un fatto che impone molti vantaggi a livello commerciale, soprattutto per l'uso quotidiano che ha il denaro digitale in questo continente, così è presentato come un aspetto che riduce i costi.

- **Fedcoin**

È una criptovaluta progettata negli Stati Uniti, si impone come un sostituto per il dollaro, dall'intenzione del suo design cerca di essere una soluzione per i banchieri, come sarebbe diventato una valuta internazionale e allo stesso tempo digitale, che potrebbe ridurre i rischi causati dall'economia stessa come iperinflazione.

- **Facebook Criptovaluta**

L'asset che rappresenta Facebook, è conosciuto come Libra, è una criptovaluta che ha il supporto di più di 100 aziende, ma nel tempo ha ricevuto modifiche che simulano le dinamiche di PayPal, invece di assomigliare a un modello tradizionale come Bitcoin, affermandosi così come una novità finanziaria all'interno di un social network.

Ognuna di queste notizie, sono solo l'inizio di tutto ciò che sta accadendo nel mondo delle criptovalute, perché è necessario essere attenti ad ogni pezzo di informazione che può annunciare quello che sarà il prossimo consolidamento delle attività, permette di scegliere la criptovaluta o criptovaluta che genererà tendenza in futuro.

I portali da leggere per valutare il futuro delle criptovalute

Una volta che si pensa di investire nel mondo delle criptovalute, è fondamentale consultare tutto l'hype che ruota intorno ad esso, in quanto sono dati che influenzano il prezzo futuro che presenterà questo bene, rafforzando qualsiasi misura di investimento, che diventa una realtà seguendo ogni progetto.

Non si tratta solo di mantenere stime accurate, ma anche di essere coinvolti su ogni tendenza o notizia, in quanto sono fattori potenti sul prezzo, facendosi coinvolgere in questo modo, è possibile raggiungere decisioni più redditizie, ma prima di emettere qualsiasi tipo di classifica di siti web da seguire, è fondamentale sapere come distinguere il migliore per voi.

- **Collaborazione di portali con broker fraudolenti**

Alcuni siti web supportano questo tipo di offerte o problemi, non significa che i portali sono cattivi, ma non si può fare affidamento interamente su questo tipo di media, in quanto è possibile che ci siano lavori o accordi per un broker che non ha alcuna regolamentazione, quindi prima di investire si dovrebbe considerare questo problema.

- **Frequenza dopo le pubblicazioni**

Ogni nota pubblicitaria deve essere dotata di frequenza, per questo non ci si può fidare di un media che possiede una sorta di pubblicazione dal 2017, perché significa che potrebbe essere abbandonato e anche superato, inoltre è vitale controllare se le fonti sono citate, per avere la possibilità di controllare tali dati.

- **Facile navigazione**

Questo tipo di portale può offrire molti contenuti, ma quando è sovraccarico non fornisce alcun beneficio, poiché le informazioni di cui avete bisogno non sono facilmente disponibili.

Sulla base di questi criteri, sono stati selezionati alcuni siti web che facilitano questa ricerca, in quanto i nuovi prodotti sono presentati in modo efficiente, sono controllati per il loro livello di affidabilità, come segue:

1. Capitale di mercato delle monete

È considerato come un portale web dedicato interamente alle criptovalute, ha una lista enorme e completa sugli scambi, oltre ai prezzi e ai volumi che sono sul mercato, sotto un aggiornamento che è utile per ogni utente, ha uno sviluppo dal 2013.

Inoltre, i suoi dati sono stati considerati da diversi media internazionali, come CNBC, Bloomberg e altri media rilevanti, fornendo informazioni su tutte le criptovalute e gli scambi nel mercato, permettendo un'analisi personalizzata.

L'esposizione di grafici, inoltre si sommano come dati di grande valore, dove si segue da vicino l'andamento del mercato, insieme a tutti i dettagli di questi settori, senza tralasciare che c'è una lista di argomenti e dizionari che aiutano a seguire da vicino ogni movimento fatto dalle criptovalute.

Ha disponibilità di lingue, sia in inglese che in spagnolo, e ha anche una versione mobile, per facilitare il trasferimento di questa applicazione, il suo supporto informativo si traduce anche in un blog completo che permette di raggiungere ogni informazione su questioni recenti relative alle criptovalute.

2. **Cointelegraph**

È considerato come uno dei più grandi blog e seguito online, accumula qualsiasi movimento sulla cripto-sfera, è stato sviluppato dal 2013, e ha sedi fisiche in tutto il mondo, ogni argomento è focalizzato e determinare le tendenze del mercato, in modo che il focus di investimento è sicuro.

Tutti i tipi di dati che è di valore per investire, è su questo portale, questo incorpora il vantaggio che ha per trovare indici di prezzi di mercato, e anche il parere di esperti su questi risultati, è essenziale per imparare ogni volta su criptovalute, ha applicazione mobile, e la disponibilità in spagnolo e inglese.

3. **Coingecko**

Corrisponde a uno dei siti web più popolari online, ha un'instaurazione del 2014, e la sua specialità si basa sul seguire da vicino la crescita di ogni asset, con un impegno diretto verso gli interessi della comunità crypto, d'altra parte, i benefici di questo sito web si basano sull'analisi sul sentimento del mercato e degli utenti.

Il lato forte di questa piattaforma, è che emette un tracking sulla capitalizzazione di mercato, quindi le criptovalute sono posizionate in base a quel movimento, con un record dettagliato di ognuna, oltre a studiare ognuno degli Exchange, per creare un forum molto dettagliato di ciò che accade nel mondo delle valute digitali.

Lo studio del sito è presentato in inglese e spagnolo, le sue funzioni possono essere semplificate all'uso di un'applicazione che permette di avere lo scoop quando si misura il futuro del prezzo delle criptovalute.

4. **Coindesk**

Si presenta come un portale di notizie, opera dal 2013, ha una sede fisica, e ha un monitoraggio esperto su ciascuna delle criptovalute del mondo, presentando articoli che emettono una chiarezza sul prezzo di quell'asset misurando la sua evoluzione, seguendo da vicino ogni dettaglio del mercato.

Emette ricerche davvero specializzate sui movimenti delle criptovalute, il lato negativo è che ha il sito web solo in inglese, ma le sue funzioni possono essere eseguite sotto la semplicità di un'applicazione mobile.

Le previsioni più impattanti sulle criptovalute

Nella proiezione del mondo delle criptovalute, ci sono molte persone coinvolte, come il caso di John McAfee, questo è il fondatore di McAfee, essendo incaricato di pronunciare pubblicamente, nel prevedere l'aumento di Bitcoin, verso cifre o valori di un milione di dollari, ma non ha avuto alcun successo.

Non c'è dubbio che il Bitcoin, rappresenta una delle criptovalute con la più grande transazione o capitalizzazione, questo prende l'attenzione di qualsiasi utente oggi, soprattutto perché nel 2017 questa criptovaluta è aumentato sopra $ 20.000, da allora ha vissuto un sacco di alti e bassi.

I movimenti di questa criptovaluta, hanno generato fino a un rally di aumento di oltre il 300%, essendo un percorso rialzista che sembra non avere fine, quindi le previsioni su questo bene abbondano nel mercato, all'inizio ogni previsione è inverosimile, ma nel tempo alcuni vengono ad essere confermati.

Nel caso di Bitcoin, la JP Morgan come una banca di grande rilevanza nel mondo, che ha condiviso in Bloomberg, che la moneta può raggiungere un prezzo di $146.000, essendo una visione a lungo termine, questo significa che non può accadere quest'anno, ma è presentato come una scommessa sul futuro.

La quotazione di questa criptovaluta nel futuro, nell'anno 2021 si trova sopra i 50.000 dollari, essendo un punto che è venuto per essere superato, quindi il prezzo poi mira ad essere sopra i 128.000 dollari soprattutto per il mese di novembre o la chiusura dell'anno 2021 con una scadenza fino al 2025.

D'altra parte, l'agenzia Reuters presenta un prezzo superiore a 100.000 dollari nell'anno in corso, questo generalmente rappresenta solo che si tratta di analisi ottimistiche, e soprattutto che sono vicine alla data, quindi prendere in considerazione l'opinione di questi esperti di criptovalute è una base interessante.

Le misure sul Bitcoin non sono limitate, quindi come espresso sopra, arrivano a trovarsi sul milione di dollari, essendo una linea positiva per una criptovaluta, quindi si impone come alternativa preferita per investire pensando al futuro.

- **Determinare il futuro di Bitcoin**

La classificazione che Bitcoin ha attualmente è rialzista, questo significa che è inteso come un investimento positivo nel futuro, dato che, al 26 aprile 2021, ha un valore di 54.073,90 USD, quindi se si arriva a comprare 100 dollari oggi, rappresenta un totale di 0,00185 BTC.

In base alle previsioni più recenti che indicano che si tratta di un aumento a lungo termine, entro l'anno 2026 si prevede di raggiungere un valore di 160.621 dollari, facendo sì che quell'investimento di 100 dollari, in circa 5 anni, abbia un rendimento del 197,04%, il che significa che l'investimento raggiungerebbe 297,04 dollari, essendo una misura di esempio molto chiara.

Prezzo dei futures su Ethereum e previsioni

Il posizionamento di Ethereum arriva a spiazzare un gran numero di criptovalute, e le promesse su questo settore puntano solo a una rapida crescita, questo è dovuto alla transazione veloce ed efficiente, quindi il funzionamento di Ethereum, assomiglia a Bitcoin, in quanto ha una blockchain autonoma che ha un proprio asset.

Questi progetti di criptovalute attualmente hanno una grande rilevanza, sono parte della tecnologia Blockchain stessa, causando transazioni per essere fatto rapidamente, anche sopra il Bitcoin, di solito investire su questo bene con un approccio speculativo, facendo soldi facendo leva.

Il vantaggio della crescita di Ethereum è il suo funzionamento nella rete, per questo motivo ha anche una grande popolarità rispetto alla tecnologia Blockchain, è essenziale distinguere Ethereum come la rete che compone la blockchain, invece ETH serve come forma di pagamento, essendo la criptovaluta in realtà.

Lo sviluppo di questa dinamica, sta presentando uno sviluppo rialzista per quanto riguarda Ether, dove influenza l'incorporazione dell'algoritmo riconosciuto come proof-of-stake, oltre alle incidenze DeFi, essendo un rinnovo Ethereum 2.0 che è generato per mezzo dell'aumento di Bitcoin, poiché tutta l'attenzione è su questa criptovaluta.

Tuttavia, un gran numero di investitori, preferiscono concentrarsi su Ethereum 2.0 come un progetto di capitalizzazione riconosciuto a livello mondiale, è per questo che i fondi di investimento ETH 2.0 sono stati aperti questi argomenti di valore crescente, solo causare un maggior numero di persone ad aderire a questa scelta di trading.

La ricerca di ottenere un reddito su larga scala, si è risolta sotto l'entusiasmo che il valore di Ethereum possiede, dove spiccano i seguenti aspetti:

- **DeFi**

Gli ultimi anni hanno presentato una notevole crescita della DeFi, permettendo alla finanza di essere completamente decentralizzata e avere la spinta aggiuntiva delle dApps, queste società DeFi permettono di estendere i servizi di prestito facendo riferimento alla Blokchain di Ethereum, attraverso la formazione di contratti intelligenti di esportazione.

In alcuni casi di avere 100 ETH può essere offerto al mercato, sotto una modalità di prestito, in questo modo un altro utente può accettare attraverso le condizioni che sono stabilite sul contratto intelligente, in cambio della garanzia del mutuatario, questo tipo di servizio, fa sì che si può ricevere un interesse in cambio di ETH.

Questo tipo di azione non ha un grande track record, ma è un settore che sta crescendo con il passare del tempo, un sacco di progetti utilizzano ETH, la linea positiva è che ha un impatto positivo, quindi è meglio seguire questi aggiornamenti da vicino.

- **Incorporazione di Sharding**

Sharding diventa noto come un processo in cui la rete Ethereum è divisa, quelle aree in cui è distribuito sono conosciute come "shard", causando un gran numero di transazioni che avvengono allo stesso tempo, l'algoritmo impone che ciascuno dei nodi incorporare i dati, per raggiungere un consenso computazionale.

Allo stesso ritmo della rete Ethereum è cresciuto progressivamente, ma questo a sua volta provoca il numero di transazioni e miners, dando vita a un collo di bottiglia, mettendo alla prova prima i limiti tecnici, con la capacità del sistema che permette di realizzare ogni azione.

Questo tipo di situazione, è stato affrontato con la frammentazione, essendo un altro tipo di funzioni di elaborazione dei dati, ma questi miglioramenti non sono stati integrati, ma Ethereum 2.0 è stato creato come un sistema indipendente che supera la struttura originale, questo è successo il 2 dicembre 2020.

• **Ethereum nel 2021**

ETH è stato influenzato da una parte dell'aumento del Bitcoin, in quanto la stessa tendenza al rialzo è applicata su questa criptovaluta, come i rialzi del Bitcoin si stabilizzano, allo stesso modo questo ha un impatto sugli altri asset, questo significa che quando il Bitcoin è al picco massimo, lo stesso accade a ETH.

Il valore di ETH di solito aumenta in dollari, grazie al sostegno dei prezzi delle altre criptovalute, anche se attraverso diversi studi si visualizza che il rapporto tra ETH e BTC diminuisce, ma Ethereum è ancora un modo ideale per generare grandi profitti, tuttavia, ogni progetto è esposto al fallimento.

• **Previsioni degli esperti di trading**

Dietro i fan di Ethereum, c'è un grande incoraggiamento per il lancio di alcuni derivati come il CME, essendo un'emissione prevista per l'8 febbraio 2021, questa teoria è difesa da Tyler Smith, essendo un vero sostenitore di ETH, che mantiene il suo punto di vista sulla corsa al toro delle criptovalute.

D'altra parte, il trading dei futures di Ethereum è fornito e seguito dalle principali istituzioni finanziarie del mondo, in modo che investire in ETH sia più sicuro e con una regolamentazione che genera fiducia, quindi richiedono che i prodotti derivati ETH siano affidabili.

Questo tipo di mossa da CME, è parte della spinta che eleverà il prezzo di ETH, essendo il punto più fattibile per Ethereum per raggiungere un massimo storico nel 2021, soprattutto con la portata positiva che il prezzo di BTC sta avendo, essendo un'influenza per stabilirsi su ATH come un seguito positivo.

Stime future su Nano

Nano è stato lanciato nel 2015, e da allora è stato presentato come una criptovaluta open source, oltre ad avere un movimento di mercato sostenibile, poiché corregge alcune inefficienze di altre criptovalute, è sviluppato sotto una rete di grande velocità e libero di essere accessibile.

Tuttavia, lo sviluppo di questa criptovaluta, esegue il test di partecipazione delegata, cercando i delegati a partecipare in modo che non ci siano transazioni fraudolente in mezzo, le previsioni su Nano da Wallet Investor, è che presenterà una caduta entro la fine del 2020.

Invece, gli studi di Trading Beasts, rimangono ottimisti, in quanto forniscono una previsione di crescita, che può aggirarsi intorno al prezzo di $ 1,99 USD, mentre Crypto Info Base, ha dettagliato che nel 2025 presenterà una crescita fino a $ 4,3 USD, questo perché ancora persistono lavori su questa criptovaluta per aumentare la velocità.

Cioè, con un modo molto più efficiente di fare trading o commercio, può far salire il prezzo alla fine dell'anno, ecco perché la previsione indica o raccomanda investimenti fino a 5 anni, per presentare una valutazione finale di 21.501 dollari USA, che può essere impossibile ora, ma in futuro può essere una fonte di reddito.

Previsioni sul prezzo del Dogecoin

Il trattamento e il rispetto sulla criptovaluta Dogecoin, può diventare un successo economico, è anche un bene che ha il sostegno e il monitoraggio della comunità, soprattutto perché la sua nascita o origine è associata a un meme, che provoca una battuta per ottenere valore e diventare coinvolto in una capitalizzazione di 300 milioni di dollari.

Il successo progressivo di Dogecoin, che genera una certa aspettativa sulla previsione del prezzo, nella storia che rappresenta, è associato al codice utilizzato per Litecoin, ma la sua vera qualità è il suo approccio divertente utilizzando l'umorismo come una campagna stessa per presentarlo al mondo.

Fin dai primi giorni della criptovaluta, è stata implementata su programmi di beneficenza, e qualsiasi altro tipo di tema simile, in modo che stava guadagnando la fiducia del mercato, dove la comunità Reddit ha avuto molto a che fare con la sua conoscenza, oltre ad altri tipi di piattaforme sociali.

La capitalizzazione di mercato di Dogecoin non era prevista da nessun analista, dato che, nonostante sia caduta in modo impressionante, ha registrato punti alti, questo in conclusione genera che è una delle 30 monete più eccezionali del mercato, al punto di avere un ritorno di investimento del 300%.

La fama che questa criptovaluta possiede, oltre ad essere una proiezione ribassista, è dovuta agli investimenti a breve termine, facendo sì che le previsioni abbiano più a che fare con un'analisi dettagliata dei suoi movimenti attuali, a cui si aggiunge che la maggiore quantità di fama che raggiunge, più continuerà ad essere una criptovaluta di tendenza.

Nei paesi dove il sistema finanziario è soggetto a svalutazioni, l'incorporazione di Doge così come Dash è servito come una soluzione, questo provoca che la sua utilità è attaccato a una diversa alternativa alle valute fiat, che tipo di impatto posto il prezzo di Dogecoin, in un aumento fino al 100%.

Questo tipo di reazione del prezzo, è stato ottenuto grazie ad un post virale su TikTok, e che una fattoria di mining è stata esposta, ma di fronte a questo è vitale prendere precauzioni per non prendere decisioni di acquisto basate su alcuni post, ma gli scambi sono aumentati quando questa criptovaluta è stata integrata da Binance.

- **Analisi tecnica per Dogecoin**

Attraverso TradingView, sono state aggiunte diverse analisi su Dogecoin, ma è essenziale prendere in considerazione che c'è molta poca esperienza su questo tipo di studio, quindi visitando la piattaforma menzionata come strumento, è possibile utilizzarla per avere chiarezza sulle decisioni di acquisto.

Indipendentemente dal basso costo che ha questa moneta, non è un impedimento al livello di popolarità che possiede, questo è ciò che le permette di avere un tasso sostenibile, e la percentuale di scendere è minima, oltre a far parte della stessa proporzione che è stata prevista per il futuro.

Sulla base dei risultati per misurare la crescita di Doge, è stimato per l'anno 2020 e 2025, attraverso fonti WalletInvestor, propone una misura di 1 dollaro, questo è il sogno degli utenti che appartengono a Reddit, essendo un risultato molto atteso al momento, la cosa essenziale è che è ancora vivo, quando molti prevedevano il contrario.

- **Endorsement di Elon Musk e altre celebrità**

La linea rialzista di Doge è stata estesa quando celebrità come Elon Musk e Snoop Dog hanno parlato a favore di esso, questo è stato un colpo diretto sulla tendenza, meglio di tutto, è disponibile per i piccoli investitori, con una grande aspettativa di approfittare della rivalutazione nel mercato.

La quotazione di parte di questa criptovaluta, è aumentata significativamente raggiungendo i 10,5 miliardi di dollari, per questo motivo è molto apprezzata in tutto il mondo, l'interruzione dell'aumento, è stata motivata dal supporto di Elon Musk come detto sopra, l'interesse aumenta a causa di questi eventi.

questo tipo di azioni, raccomandare o far pensare che Elon Musk sta agendo come una sorta di padrino su questa comunità, a questo si sono uniti altri tipi di personalità che emettono un supporto chiaro, quel tipo di influenza sta impostando una tendenza, essendo un momento che, a breve termine, lo rende un bene redditizio.

Previsioni del prezzo di XDAI

In mezzo ai lanci nel mondo delle criptovalute, POA Network ha aderito presentando la valuta nativa che si unisce a questa dinamica stabile in USD, questo è noto come XDAI Chain, è noto come una catena compatibile per essere parte di Ethereum, attraverso DAI essendo una valuta nativa che appartiene alla rete.

La conoscenza, e allo stesso tempo la tecnologia che possiede POA Network, fa parte della composizione di DAI, ma il suo legame è direttamente con il dollaro americano, dove è al suo punto più alto, poiché ha la capacità di transazioni basse, con tempi di transazione veloci.

A causa di questo tipo di caratteristiche, è una criptovaluta che viene utilizzata come un modo per eseguire transazioni quotidiane, senza contare che XDAI è concepito come un derivato della criptovaluta DAI, facendola diventare una criptovaluta legata ad un asset che è stabile.

Affinché la tendenza al rialzo si verifichi, è fondamentale ottenere la mobilità XDAI, tramite l'applicazione mobile Dex Wallet, così come il portafoglio mobile XDAI Poketto, anche se queste due opzioni sono disponibili solo per iPhone, per sfruttare le commissioni di transazione e la velocità di ogni transazione.

La distinzione che questa criptovaluta ha con DAI, si basa sul fatto che è nella blockchain della rete che fa parte di Ethereum, implementata come una via d'uscita utile di fronte a una sorta di inflazione che si affronta localmente, quindi è rilevante in ogni modo.

Analisi del prezzo di Ripple (XRP)

La criptovaluta Ripple XRP è considerata una delle criptovalute più rilevanti al mondo, per questo è un'alternativa ancora molto promettente, soprattutto perché non postula la decentralizzazione come uno dei suoi vantaggi, dato che ha legami con banche e anche grandi società di investimento.

Quel fattore differenziale è ciò che aiuta Ripple per avere un margine di successo, oltre che nel mondo delle criptovalute è imposto come una regola, preferenza sopra decentralizzato, in questo caso è proprio il contrario, questo è un sigillo attraente, anche se complica per emettere qualche tipo di futuro su queste associazioni.

Ma prima di andare avanti con le stime future su questo bene, è essenziale chiarire che Ripple rappresenta la società, invece XRP è presentato come una valuta interna del protocollo, questa criptovaluta presenta una storia dei prezzi che è la vera guida di rivelazione per qualsiasi investitore.

Il prezzo attuale di XRP influenza direttamente ogni aumento e diminuzione, così come lo stato del mercato, perché in base al grado di competitività si stabilisce un prezzo. L'anno scorso, questa criptovaluta ha mostrato un comportamento rialzista, e allo stesso tempo una tendenza al ribasso a medio termine.

È essenziale riconoscere che le tendenze di Ripple sono positivamente legate ai movimenti di BTC, il che significa che anche un calo di Bitcoin può influenzare il prezzo di XRP, facendolo posizionare come una criptovaluta che ripete la stessa tendenza che si verifica nel mercato primario.

Ma allo stesso modo, alcuni eventi possono impostare la direzione del prezzo, così come il sentimento degli investitori, anche se il fattore della domanda e dell'offerta gioca un ruolo importante, ed è stato determinato che gli accordi che vengono fatti con le principali banche sono ciò che muove il prezzo di XRP.

Normalmente questi eventi non hanno effetti di mercato a breve termine, ma diventano visibili dopo un periodo di tempo leggermente più lungo, ma storicamente, Ripple ha sostenuto la supervisione della Securities and Exchange Commission, dove si è difeso come una valuta e non come un titolo stesso.

- **Le previsioni dietro Ripple**

Il mezzo delle criptovalute è totalmente volatile, per questo è complicato emettere gamme in futuro, tutte possiedono una stima inflazionistica, per quanto riguarda l'analisi tecnica che è stata fatta su Ripple, presenta una mossa rischiosa, poiché la sua crescita è fortemente legata al progetto.

Negli anni a venire, XRP si posiziona come una delle valute con più cambiamenti davanti, dato che, a partire dal 2021, sarà caratterizzato da un gran numero di collaborazioni finanziarie che influenzano il prezzo, al punto che potrebbe raggiungere o superare i 2 dollari.

Ogni analista, prende come base principale gli eventi che hanno questa criptovaluta, così in futuro un forte impatto è previsto, in modo che globalmente rimane una delle valute digitali con la più grande capitalizzazione di mercato, è fondamentale per seguire da vicino le piattaforme di previsione.

Tutte le tendenze dietro Dash

La dogana all'interno del mining, sono divisi grazie all'impatto o struttura che Dash ha sul proprio ecosistema, come sono scaglionati passi fino a presentare l'esecuzione dei servizi di pagamento Dash, utilizzando un canale Instasend come un modo per operare più veloce e inferiore rispetto agli altri.

Utilizzando Privatesend, ogni utente può emettere transazioni in modo anonimo, rendendolo irrintracciabile, anche rispetto alle transazioni effettuate sulla rete Blockchain, essendo una qualità molto attraente, tutto grazie al fatto che Dash è iscritto su un gran numero di scambi criptati.

Al di là del funzionamento o delle dinamiche particolari che questa criptovaluta possiede, bisogna anche tenere conto di alcuni fattori che sono soggetti a cambiamenti, prima di tutto, a causa della volatilità caratteristica di questo mercato, ma ci sono dettagli che possono essere presi in considerazione per emettere un'analisi corretta andando avanti.

Per esempio, Long Forecast presenta il punto di vista, che Dash sta per contare su un comportamento ribassista, cadendo fino al 70%, invece Wallet Investor ha sollevato ancora di più la tendenza pessimistica sul futuro di questa criptovaluta, la cosa essenziale è che è una criptovaluta che sta fornendo sicurezza agli utenti.

La questione della sicurezza è dovuta al fatto che ha 4500 server, con hosting in tutto il mondo, causando che le transazioni possono essere effettuate rapidamente, essendo una qualità che lo tiene sopra altre criptovalute, anche dal suo lancio ha continuato ad evolversi.

L'applicazione mobile è stata una risposta utile all'interno di questa sfera, facendola diventare un punto di investimento scalabile, inoltre si aggiungono programmi di pagamento, generando un'opzione per investire su questa piattaforma di transazioni, ciò che è garantito è che Dash possiede un ampio potenziale di successo fino al 2025 al massimo.

Prezzo futuro stimato di Cosmos (ATOM)

Un'opzione preferenziale nel mondo delle criptovalute è Cosmos (Atom), nel caso di Cosmos, si stabilisce come una piattaforma Blockchain, di carattere Open Source, che cerca di installarsi come l'internet delle Blockchains, facendo sì che più reti di questo tipo possano unirsi, sfruttandone così i vantaggi.

Ognuna delle blockchain che fanno parte di Cosmos, consentono di scambiare i token, tra ciascuno dei quali è un pezzo della rete, questo accade sotto uno sviluppo nativo, quindi è una comunicazione stessa che fornisce Cosmos, che modo ogni anno cerca di risolvere qualsiasi situazione di scalabilità.

L'incorporazione di strumenti è ciò che provoca più utenti a mostrare interesse su di esso, nel caso del pagamento tokenizzato, è concepito come Atom, essendo impiegato per pagare le tasse di pagamento per le transazioni effettuate sulla Blockchain, ha un rango di capitalizzazione sotto il 20 ° posto a livello globale.

- **Fascia di prezzo dell'Atom**

Il costo o il valore di Atom, nel gennaio 2021 è supportato da una misura sotto $6.00, poi ha presentato una rottura della resistenza, raggiungendo fino a un prezzo $7.16, ma questo non si è fermato, ma contato con una correzione del prezzo, raggiungendo fino a $17.32.

Questo tipo di recupero indica che dopo un declino, è in grado di raggiungere il suo massimo storico, d'altra parte, vi è l'attuazione di analisi tecnica, questo può essere fatto per mezzo di software speciale che risolve complessi problemi matematici, e studia i dati storici, per prevedere il futuro.

La qualificazione tecnica per tracciare il valore di questa criptovaluta, può essere effettuata con Digital Coin Price, che indica che nell'anno 2028 è in grado di raggiungere un valore di 86,58 dollari, quindi si stabilisce come una criptovaluta ideale a lungo termine.

D'altra parte, le stime di Crypto Currency Price Prediction, arriva a calcolare una dimensione maggiore alla precedente, dove l'anno 2025 si trova su 976,23 dollari, questo è un aiuto per trarre conclusioni sul futuro di questa criptovaluta, è possibile informarsi su ogni sito web, e poi fare una media di queste misure.

Sviluppi e previsioni sul prezzo di Chiliz

Conoscere il prezzo o il valore di Chiliz, corrisponde alla popolarità che presenta sul mercato, soprattutto dopo la chiusura del 2020, il lato attraente di questa criptovaluta è installato sulla tendenza al rialzo che si sta presentando, nel caso di Altcoin Exchange, ha presentato previsioni molto positive su questo bene.

Chiliz è postulato come una moneta digitale attaccata al mondo delle piattaforme sportive, è conosciuto molto di più con il suo acronimo CHZ, questo è parte della filosofia dietro questo token che fa parte delle azioni Ethereum Blockchain, così è stato selezionato come una criptovaluta della piattaforma Socios.com.

La fondazione di questa criptovaluta, è associata al paese di Malta, ha uno stretto rapporto con il mondo dello sport, soprattutto per essere vicino ai club e tifosi, perché attraverso questa moneta può avere diritti di voto sui club preferiti.

Il realismo dietro questo tipo di economia, causa che il futuro di questa valuta, seguire un percorso positivo, così grandi investitori sono posizionati su questa opportunità, quindi è previsto un aumento, quando buone notizie o previsioni vengono a Altcoins, anche in termini generali, la valuta è attualmente alta.

Ma prima di raggiungere un altro punto alto, è più usuale che quella proiezione scenda, ma è meglio o una regola di questo mezzo, arrivare a comprare quando è in rosso, piuttosto che in verde, così lo slancio verso il basso può essere sfruttato e quotato ampiamente.

Polkadot e il suo prossimo futuro sulla fascia di prezzo

l'espansione delle criptovalute nel mondo, raggiunge l'arrivo di Polkadot, che è una moneta da considerare, perché è stato situato all'interno della top 10 dei più quotati, sopra che molti non ha preso in considerazione, e questo generato che è apparso sotto l'ignoranza, solo ha cominciato a causare uno scalpore.

La tendenza al rialzo che compone questa moneta, fa sì che il suo monitoraggio sia un compito in sospeso sull'ambiente delle criptovalute, in appena un mese e mezzo, il suo valore è aumentato fino a sei volte, allo stesso modo gli ultimi mesi di quest'anno e lo scorso, hanno postulato una risposta favorevole a questa crescita.

In mezzo alla Blockchain pubblica, questa criptovaluta è stata introdotta come opzione di connettività, per quanto riguarda le sidechains personalizzate, che si prevede secondo gli studi praticati sulla base di questa dinamica, è quello di raggiungere un valore di 96,54 dollari entro il 2022.

• **Dettagli del prezzo Polkadot da considerare**

L'organizzazione e l'istituzione di ICO è stato applicato sul Polkadot, che ha causato a raggiungere fino a 140 milioni di dollari, e poi vendere la metà di quella fornitura, calcolato o stimato a 10.000.000 DOT, a cui è stata aggiunta una grande quantità di perdite subite dalla società.

Dato questo scenario di business, un giro di vendita privata è stato condotto, a partire dal 2019, fino a una reiterazione nel 2020, al momento di condurre l'ICO, la criptovaluta potrebbe scambiare almeno 30 dollari, ma nell'agosto 2020 tutte queste proprietà sono state padroneggiate.

Non c'è dubbio che questa criptovaluta ha vissuto una grande escalation, dal momento che all'inizio contava con un valore di 5,2 dollari, fino a quando ha fluttuato con il passare del tempo, fino a raggiungere una tendenza al rialzo che l'ha catapultata in 7,68 dollari, ma con ricadute che intervallano quel tipo di movimento.

A metà del 2021, il prezzo di DOT è intorno ai 15 dollari, come punto altamente impressionante, e nel febbraio di quest'anno, ha stabilito un marchio storico per raggiungere 42 dollari, per capire quel tipo di impatto futuro, è necessario seguire le dinamiche dei suoi creatori, che lo formano come una piattaforma web 3.0.

Ciò che si distingue è che, sulla sua struttura interna, ha una blockchain in pieno minuto, d'altra parte, questo ecosistema ha un potere di intervento dei voti, in modo che i proprietari della valuta DOT possono intervenire, causando che ogni decisione degli azionisti, ha un impatto sul prezzo.

Ogni anticipo su questo tipo di progetto, genera un cambiamento sul prezzo, e questo è ciò che lo rende un investimento davvero attraente, dal momento che è stabilito come una valuta accessibile, e l'aumento della liquidità è un altro punto noto, per quest'anno nei suoi mesi finali, si stima che la moneta raggiunge un valore fino a 79,58 dollari.

Secondo gli esperti, dicono che il prezzo del DOT sta crescendo costantemente, e la frequenza della sua caduta è minima, ma questi sono comportamenti che non possono essere completamente previsti, poiché l'oscillazione ha un ritmo autonomo, che è difficile da controllare.

Nel 2020, si profila una fase interessante per guadagnare attraverso questa criptovaluta, perché può spazzolare un importo molto più alto al prezzo di 83,15 dollari, ed entro il 2023 la visione è radicata sopra i 96 dollari, quindi questi sono valori davvero sorprendenti.

Questo chiarisce che ci sono molteplici ragioni per investire per Polkadot, principalmente per avvicinarsi a tutto ciò che riguarda il suo futuro in criptovaluta, inoltre possiede Blockchains specifica risoluzione dei problemi, come le sue catene non si intasano, tanto meno presentano uno sviluppo lento.

I prezzi a termine di VeChain come campione predittivo

I progetti dedicati alla Blockchain e il suo utilizzo, corrispondono con l'origine di VeChain, questa piattaforma ha una gestione che è parte della catena di approvvigionamento sul suo nucleo, in mezzo a questa dinamica finanziaria ha coinvolto la farmaceutica Bayer, inoltre è stato integrato a Walmart.

La volatilità che questa criptovaluta presenta, può essere interpretata in futuro, anche se non possiede qualche tipo di garanzia, è un inizio per prendere il rischio di investire, per avere chiarezza su questo senso, è necessario implementare l'analisi tecnica, oltre ai movimenti di prezzo, per imporre metriche che aiutano a seguire questi dettagli.

Tra i siti web prominenti in previsione, TradingBeasts, e Wallet Investor, possiedono una misura massima di $0.000816, essendo un fattore da considerare quando si opta per questa criptovaluta, e si crede addirittura che si arriverà ad acquistarla per $4.10, aumentando l'interesse per queste misure.

Suggerimenti per calcolare il valore futuro di una criptovaluta

Molti dubbi sorgono circa la crescita improvvisa di una criptovaluta, perché nel caso di Bitcoin quando molti erano scettici di questa idea di investimento che aveva un valore di $5.700 USD, è venuto a superare $45.000 USD, cioè c'è un cambiamento di magnitudine, che, se si sa come prevederlo, molti avrebbe generato denaro nel lungo termine.

Per arrivare alla determinazione di un investimento fattibile o meno su una criptovaluta, è essenziale studiare il potenziale della stessa, quindi per capire come questo può essere studiato, è fondamentale considerare che ci sono diverse variabili che ruotano intorno al valore di una criptovaluta, soprattutto quando si tratta di una misura previsionale.

Il supporto di diversi strumenti è una soluzione ideale, perché la valutazione fornita dalle informazioni da https://www.coinmarketcap.com/, si può iniziare a determinare il vero potenziale di una criptovaluta, dove i seguenti aspetti o variabili dovrebbero essere studiati:

- **Capitalizzazione di mercato (Market cap)**

Corrisponde a uno degli elementi più basilari e allo stesso tempo più rilevanti per prevedere il futuro di una criptovaluta, poiché è l'importo che viene investito sull'asset, è una somma di tutto ciò che viene attribuito nel mondo su questa criptovaluta.

È essenziale che questo concetto sia adottato come indicatore, per stabilire la maturità del mercato, in modo da poter confrontare tra uno e l'altro, in modo da poter stimare quale quantità di volte o importo la capitalizzazione è superiore o inferiore su un bene che in un altro, per ogni mercato questo è diverso.

- ## **Prezzo (Prezzo)**

Si riferisce al valore che ha ogni criptovaluta, questo allo stesso tempo è sotto l'influenza della capitalizzazione di mercato, oltre alla quantità o volume che sta circolando su quel mezzo di scambio, in quanto fornisce la quantità totale che è stata minata fino alla data corrente che si sta osservando.

Questo significa che attraverso l'offerta che la criptovaluta ha, sotto un certo periodo di tempo, è che il prezzo è impostato, quindi finisce per essere una miscela tra la capitalizzazione e la circolazione, essendo due elementi di grande rilevanza per studiare una criptovaluta, poiché il prezzo è il risultato della divisione di questi due elementi.

- ## **Alimentazione in circolazione**

È concepito come una fornitura della criptovaluta, perché come l'ottenimento di criptovalute proviene dal mining, come questa azione aumenta, il circolante è anche in crescita, sotto questa base è che la fluttuazione si verifica.

Per misurare questo elemento, è necessario individuare la capitalizzazione della criptovaluta, insieme al circolante, per eseguire il calcolo e ottenere il risultato finale come il prezzo del bene che è nel mercato.

- **Volume (24h)**

È classificato come un importo o valore che corrisponde alla valuta fiat, comprende ciascuna delle transazioni che sono state fatte durante 24 ore sulla criptovaluta, questo elemento è parte di un indicatore di grande rilevanza, soprattutto per effettuare un trading o investire a breve termine.

Il risultato di questa misura indica se c'è un qualche livello di liquidità, oltre a misurare quanto sia fattibile effettuare transazioni su quella criptovaluta, quando questo è omesso, può essere complesso vendere l'asset in seguito, poiché sarà soggetto a un livello molto basso di transazioni.

Questi aspetti possono essere considerati o adattati per un investimento a lungo termine, conoscendo la politica di emissione della criptovaluta, cioè nel caso del Bitcoin, ha un limite di estrazione fino a 21 milioni, una volta raggiunta questa cifra, non c'è la possibilità di ottenere qualche tipo di percentuale di questa criptovaluta.

Uno scenario come questo richiede che i possessori di Bitcoin debbano distribuire il valore della capitalizzazione, e come per questa criptovaluta, ci sono anche limiti su altre valute digitali che dipendono da certi algoritmi programmati e hanno dettagli molto specifici.

Fonti per prevedere il futuro delle criptovalute

Le condizioni di mercato rappresentano una stima chiave, quando si cerca di prevedere il futuro delle criptovalute, tutto ciò che accade con questo bene è importante, per operare con una visione più chiara sul futuro dello stesso, per avere un percorso preciso, è essenziale considerare le previsioni sulle criptovalute.

Per prendere qualsiasi decisione è vitale informarsi sulle fonti che sono tenute sotto ricerca attiva, dato che si cercano previsioni, c'è una visione di ciò che ci aspetta nel mercato, per creare uno schema fattibile, anche se nessuna raccomandazione può essere data per scontata perché potrebbe essere fraudolenta.

Invece, le seguenti fonti provate funzionano come un aiuto completo per riconoscere i percorsi fattibili:

1. Trading-View

È una fonte di alto livello di fiducia, poiché quando si consulta questa piattaforma si trovano strumenti importanti come i grafici, questi possono essere utilizzati a proprio piacimento per fare calcoli futuristici dell'investimento, le sue funzioni sono accessibili a principianti e utenti avanzati.

Attraverso questa piattaforma, è possibile misurare il comportamento delle criptovalute, essendo la chiave per prevedere come si comporterà in un certo tempo, quindi questa alternativa è scelta per avere un accurato anticipo e viene utilizzata da investitori esperti, formando una comunità che fornisce conoscenza.

2. Finder.com

È noto come una fonte di informazioni sul futuro delle criptovalute, i suoi sviluppi si basano sulla consultazione di esperti finanziari, per emettere diverse previsioni su un bene, non c'è dubbio che il lavoro di questa piattaforma si concentra sulla finanza e la tecnologia, attraverso discussioni di professionisti.

3. BitcoinWolf.com

È una piattaforma ideale per ottenere previsioni su ogni criptovaluta, ha una chat room che permette di stabilire connessioni importanti per il futuro, è una caratteristica per beneficiare delle informazioni che transitano in questi media, che la conversazione con altri investitori è un'esperienza unica.

D'altra parte, questo mezzo permette di avere avvisi in tempo reale, di ricevere qualsiasi cambiamento gettato sotto l'analisi tecnica, o qualche consiglio, è davvero il posto giusto per pensare al futuro di alcune criptovalute, soprattutto con i contributi di esperti che impongono una visione diversa.

L'attenzione è investita direttamente sulla posizione di investitori esperti, oltre a seguire da vicino ciò che sta accadendo all'interno del settore, quindi queste fonti creano una vera e propria raccomandazione, perché l'investimento sia pienamente redditizio, queste previsioni devono essere seguite a breve e lungo termine.

Implementare l'analisi tecnica per misurare il futuro delle criptovalute

L'analisi tecnica è un passo fondamentale, in quanto permette di utilizzare comodamente i dati di mercato, per determinare il futuro di alcune criptovalute, per questo sono inclusi diversi fattori, dove sono inclusi volume e movimento, d'altra parte, c'è anche l'analisi fondamentale per determinare temi o questioni del valore.

La concentrazione di analisi tecnica, è stabilito come lo studio dei modelli, e in aggiunta ai grafici, strumenti analitici, come che permette di visualizzare alcune debolezze e la forza che è parte di criptovalute, tutti sotto i modelli che possono rivelare il futuro delle criptovalute.

Questo processo menzionato, può essere effettuato su qualsiasi tipo di criptovaluta, come è un'azione tradizionale sulle azioni, ma attualmente l'impostazione di un prezzo, dipende da tutto, ogni variabile finisce per influenzare, ma che tutto può essere suddiviso per mezzo della domanda attuale.

Ma nel mezzo di questo studio, include anche la domanda futura, che corrisponde a uno sguardo nel passato, tutte queste sono aspettative importanti per i commercianti, questo aiuta ad avere più conoscenza sulla criptovaluta, ecco perché questa analisi ha un impatto diretto sul prezzo e ciò che suggerisce in tempi successivi.

Questo fatto o risultato è destinato a stabilire come una psicologia all'interno del mercato, e allo stesso tempo utilizzare questa lettura per studiare la criptovaluta, è per questo che ognuno dei movimenti relativi al prezzo sono inclusi, come questi non sono affatto casuale, in quanto sono una reazione stessa di qualche tendenza, sia a breve o lungo termine.

Nel mezzo di questa lettura, dovrebbe essere impostato come un principio chiave, che quando una criptovaluta segue una tendenza, significa anche che dopo un po', seguirà una tendenza opposta, quindi seguendo la tendenza attuale, si possono ottenere guadagni di livello superiore.

La funzione principale dell'analisi tecnica è quella di dimostrare un'ampia preoccupazione per ciò che sta accadendo, lasciando da parte il motivo per cui quel movimento è stato generato, dato che la concentrazione è dedicata in larga misura dalla domanda e dall'offerta, per diminuire il caos di un gran numero di variabili.

- **Leggere i grafici a candele**

Questo è un aspetto chiave da misurare all'interno di questa analisi, si realizza per mezzo di grafici, questo viene utilizzato per mezzo di cifrari, popolarmente conosciuto come grafico candlestick, all'inizio è complesso da capire, ma quando si impara ogni dettaglio, tutto cambia e migliora.

Lo sviluppo del grafico candlestick è dovuto al fatto che ogni punto ha una grande somiglianza con una candela, in quanto è un rettangolo rosso o verde, hanno anche una linea sporgente nella parte superiore o inferiore, in modo da ottenere una visualizzazione come uno stoppino di una candela.

In base alla dimensione della candela, così come la forma della linea e il colore che possiede, ci sono informazioni cruciali su uno scambio che non possono essere trascurate, in mezzo a questa valutazione si dovrebbe riconoscere che nella parte superiore e anche nella parte inferiore, ci sono i prezzi di apertura e chiusura che la criptovaluta possiede.

Nel caso delle candele verdi, sono responsabili di stabilire che il valore della criptovaluta è aumentato, il che fa sì che il prezzo di apertura sia in basso, mentre il prezzo di chiusura si trova nella zona superiore.

Quando sono presenti candele rosse, significa che il valore della criptovaluta è sceso, facendo cambiare l'ordine spiegato sopra, cioè il prezzo di apertura diventa nella zona superiore, mentre il prezzo di chiusura è nella parte inferiore.

D'altra parte, lo stoppino può sporgere dalla candela, attraverso qualsiasi gap o estremo che fa parte della candela, questo mostra che i prezzi hanno raggiunto il punto più basso o più alto in tutto il percorso storico della criptovaluta, essendo un chiarimento utile per prendere in considerazione il grado di volatilità del mercato.

• Linee di tendenza

Sono parte di uno degli elementi chiave dell'analisi tecnica, quindi è importante conoscere le linee di tendenza, come essi capannone o fornire la direzione in cui la criptovaluta si sta muovendo, questo sarà accompagnato da discernimento per determinare i percorsi che possiede questo bene.

La natura della volatilità, è corretta per trovare la tendenza che si proietta o verso l'alto o verso il basso, questo sotto uno sviluppo sui massimi e sui minimi, e anche queste tendenze possono muoversi lateralmente, il che complica ulteriormente l'intero quadro, vari software includono linee di tendenza sul market tracker.

L'inclusione di questo elemento nell'analisi, può essere sviluppata automaticamente o manualmente, ma quest'ultima opzione richiede un livello di precisione più alto, in modo che le previsioni possano essere utilizzate in modo produttivo, il metodo di disegnare quella linea, cambia a seconda dell'analisi che viene utilizzata.

Normalmente la linea di tendenza è posta nel punto esatto del prezzo più basso della candela, poi può essere estesa fino a quando la linea entra in contatto con il punto più basso, è essenziale mantenere una cura per non raggiungere i minimi esatti per entrambi i punti, quindi sono regolazioni molto attente.

• **Livelli di supporto e resistenza**

Nel mezzo della comprensione dell'analisi tecnica, non si può trascurare il supporto e la resistenza, queste linee orizzontali possono essere disegnate sul grafico di trading per scoprire molti dati importanti sulla criptovaluta.

Nel caso del livello di supporto, questo è un punto in cui si stabilisce fino a che punto si vuole comprare la criptovaluta, questo aspetto è direttamente legato alla domanda, in modo che quando il prezzo si avvicina al punto del livello di supporto, si genera la domanda, essendo quella che aiuta a sostenere il crollo della criptovaluta.

All'interno dei comportamenti di questo bene, questo scenario può cambiare o presentare uno slancio verso l'alto, ma il livello di resistenza ha a che fare con il contrario, in quanto è un alto livello di offerta senza ricevere un alto livello di domanda, essendo un comportamento che indica che il mercato vede il bene come costoso.

Questa resistenza all'acquisto è ciò che fa sì che il valore dell'asset raggiunga il livello di resistenza, quando è a quel punto c'è una sovrabbondanza di offerta, così che il prezzo scende di nuovo, quindi queste variazioni sono molto evidenti, si misurano per mezzo della linea di resistenza e si ottiene un quadro chiaro dei movimenti.

Quando è stabilito sull'analisi tecnica, lo studio della rottura dei livelli di supporto o resistenza, come è un modo per visualizzare la forza della tendenza attuale, come guadagna potere quando il livello di resistenza diventa il livello di supporto.

- **Volumi di scambio**

Il monitoraggio del volume di trading può essere interpretato come un aiuto per impostare una tendenza significativa, nel mezzo di questo scenario l'alto volume di trading può essere un segno che questo comportamento o tendenza dovrebbe essere preso in considerazione, o sul lato opposto, che c'è una tendenza debole che può essere invertita.

La conoscenza all'interno di questa valutazione, dovrebbe verificare che il volume di scambio va verso il basso nel prezzo, è vitale trovare un basso volume sulle cadute e alti volumi attraverso gli aumenti, perché questo significa che la criptovaluta ha una tendenza sana, vale a dire che ha una crescita a lungo termine.

D'altra parte, quando il volume sale nel mezzo dei cali, significa che la tendenza al rialzo non durerà a lungo, questa è una parte delle informazioni che il volume fornisce, anche se senza questa analisi, può consigliare o esporre proprio il contrario, che la prossima cosa è percepire una tendenza al ribasso, quando non è la cosa giusta da fare.

- **Limiti di mercato**

Per capire questo, è vitale prendere in considerazione la capitalizzazione di mercato della criptovaluta, dato che questo aspetto fornisce un quadro della stabilità di qualche bene che viene sottoposto sotto l'analisi tecnica, per arrivare a determinare quel grado di capitalizzazione di mercato, si deve moltiplicare l'offerta circolante per il prezzo della moneta.

Normalmente le criptovalute che impartiscono un risultato di capitalizzazione di mercato più alto, sono quelle che possiedono la qualità di essere stabili, essendo un dettaglio da prendere in considerazione in mezzo a questa dinamica finanziaria.

- **Indice di forza relativa**

Vari programmi grafici che sono dedicati alle criptovalute, hanno all'interno della loro inclusione degli indici di forza relativa o anche conosciuti come RSI, questo può essere 100 o piuttosto (100) / 1 (RS), in quel caso, RS è uguale o simile al rapporto che funziona come una limitazione del numero di giorni in cui una criptovaluta era sopra o sotto la media.

Come si può scegliere un grafico, è responsabile di presentare questa osservazione automaticamente, per essere rilasciato nella parte inferiore del grafico a candele, di solito l'RSI può essere nel mezzo di 0 e 100, nel caso in cui un RSI indica un punto vicino a 30 o meno, significa che è un bene sottovalutato.

D'altra parte, quando l'RSI è vicino o superiore a 70, mostra che l'asset è in una fase di ipercomprato, cioè il prezzo è in una tendenza al ribasso.

- **Medie mobili**

Il riconoscimento della tendenza è una realtà delle medie mobili, quella media dipende dal prezzo medio della criptovaluta nel periodo selezionato, di solito questi calcoli sono stimati sul prezzo di scambio della valuta negli ultimi 20 giorni.

La connessione di ciascuna delle medie mobili, aiuta a formare una linea attraverso la quale si possono imporre le previsioni, d'altra parte, ci sono le medie mobili che sono concepite come esponenziali (EMA), essendo un tipo di calcolo che permette di ottenere più peso sui valori del prezzo del bene.

- **Tempi di realizzazione**

Nel mezzo dello sviluppo dell'analisi tecnica fatta per scegliere un investimento a lungo termine, si possono imporre dei time frame sul grafico dei prezzi, di solito si trovano certe opzioni in cui diversi grafici si estendono a 15 minuti, orari, giornalieri, e qualsiasi altra misura che vada di pari passo con il commercio in mente.

L'analisi tecnica è una chiara conoscenza del passato delle criptovalute, essendo una grande struttura per ottenere previsioni su questi beni, di solito i software grafici includono ognuno di questi elementi spiegati, più altri strumenti aggiuntivi che permettono di semplificare la scelta dell'investimento.

I mercati di previsione più affidabili

Le previsioni funzionano come una guida esterna che muove il mondo finanziario, nel caso dei mercati di previsione, sono compravendite che sono disponibili, basate sulle probabilità che un certo risultato si verifichi, seguendo le basi o gli studi di diversi eventi.

Questo tipo di media, opera sotto una raccolta di informazioni, oltre a prendere in considerazione tutte le parti coinvolte o agenti, anche se per avere accesso a tali risoluzioni, vengono imposte alcune quote, dato che queste premesse sono parte di uno studio esaustivo basato sull'attività dei partecipanti al mercato.

Nel caso specifico delle criptovalute, c'è uno studio associato alla tecnologia blockchain, per cui ogni protocollo decentralizzato può essere analizzato sotto lo scambio di un risultato di qualche evento, tutto questo fatto da un algoritmo, in modo che i contratti siano eseguiti in caso di soddisfare diverse condizioni.

I principali mercati che operano nel mondo delle criptovalute, alla ricerca di efficienza predittiva, sono i seguenti:

1. **Augur**

Augur corrisponde a uno sviluppo decentralizzato, la sua fondazione obbedisce alla dinamica ERC-20 che appartiene a Ethereum, il suo sviluppo è inquadrato nel 2014, per questo motivo corrisponde a una funzione pionieristica in questo campo, facendo sì che più utenti possano creare un mercato basato su un evento del mondo reale.

2. **Gnosi**

Fa parte dei principali mercati di previsione, ha lo stesso funzionamento del precedente, basato sullo stesso protocollo, ma utilizza il crowdsourcing per cercare di avere colpi sull'esito di un evento nella vita reale, riuscendo a stabilire un mercato aperto e fornire un sistema di due token.

3. **Stox**

È costituito come uno dei mercati di previsione appartenenti alla Blockchain in cerca di decentralizzazione, la missione è la stessa dei precedenti, con il funzionamento sul protocollo Ethereum, allo stesso modo permette di creare un mercato, e avere operazioni con i beni.

Il ruolo delle tendenze di Google

Nel mezzo della ricerca del futuro di qualche criptovaluta, le tendenze di Google si aggiungono come un'importante fonte di risposta, poiché presenta un ampio menu con notizie e allo stesso tempo una quantità rilevante di citazioni, tutto ciò che trasmette è un approccio diretto al mercato.

Il risultato della visione di Google, si basa sulle ricerche che si sviluppano attraverso questo strumento, in questo modo si ottiene un orientamento sul prossimo picco che presenta la criptovaluta, tutto grazie allo studio delle diverse istituzioni e tutti i media coinvolti con le criptovalute.

Le croci di prezzo, hanno a che fare con molte decisioni attuali, per questo motivo attraverso questo strumento di Google che emette ogni movimento, perché il monitoraggio accurato è imposto sul settore delle criptovalute, e una grande percentuale del pubblico non è consapevole di questo mezzo di opportunità.

Ogni dato che viene emesso in Google Trends, è una rappresentazione stessa delle ricerche che vengono effettuate su Google, filtrando i termini noti come "Bitcoin", "Ethereum", e simili, prima del potere dello strumento di ricerca eta, spicca un disinteresse da parte della comunità digitale.

La distinzione è oltre le fonti di dati che si basano su una stringa aneddotica, invece Google opera sul volume di ricerca, che diventa molto più realistico che ottimistico, essendo utile per chi osserva da vicino l'industria delle criptovalute per trovare eventuali sorprese vicino a questo fatto.

D'altra parte, c'è l'emissione di rapporti sulla volatilità del mercato, e il consolidamento di alcuni beni, il tutto basato sulla quantità di transazioni che circolano e il loro effetto sul prezzo, essendo una misura futura da prendere in considerazione, questi rapporti funzionano come una misura di speculazione con prove.

Ogni aumento degli acquisti, suggerisce un percorso da adottare su questo bene, riuscendo a formare una narrazione con l'evidenza dei record disponibili online, senza tralasciare che quando ci sono acquisti massicci l'intero scenario cambia, e quel tipo di fattore è considerato per impostare una misura nel futuro.

Applicazione dell'analisi fondamentale nel determinare il futuro delle criptovalute

L'uso dell'analisi fondamentale sulle criptovalute, gioca un ruolo complementare, basato su ciò che viene fatto dall'analisi tecnica, consiste anche nello stimare se il prezzo di un bene è giusto, sopravvalutato o ha il potenziale per aumentare, nel caso delle criptovalute, è complicato dall'essere reti decentralizzate.

La valutazione di questa classe di attività deve essere approfondita, quindi il ruolo dell'analisi fondamentale aumenta la sua importanza, e allo stesso tempo viene implementato da un'altra prospettiva per ampliare la visione, poiché l'analisi tecnica prende in considerazione solo il prezzo storico che ha raggiunto l'attività, senza valutare altre metriche.

Man mano che si partecipa o si acquista una criptovaluta, le possibilità di profitto aumentano, nel caso di essere un nuovo progetto di criptovaluta, non ci sono prezzi da analizzare o prendere in considerazione, prima di questo tipo di attività, è meglio applicare l'analisi fondamentale.

Questo tipo di studio, aiuta allo stesso tempo a catturare qualche tipo di frode, a fermare qualsiasi tipo di perdita, e per fare questo tipo di valutazione, non c'è tanta complicazione, perché l'informazione gratuita online sulle criptovalute abbonda, e nelle reti sociali circolano varie discussioni su qualche asset.

Ognuno degli sviluppatori, minatori e qualsiasi tipo di imprenditori in questa sfera, sono responsabili di interagire sui dettagli relativi al bene, in questo modo è possibile seguire anche la minima incidenza sui progetti di criptovaluta, è la cosa positiva delle piattaforme al giorno d'oggi.

Il suggerimento per realizzare questo tipo di studio, è quello di capire alcuni concetti di base, dove l'essenziale è misurare ogni comportamento del bene con un livello critico che sia eclatante, inoltre ogni misura è sperimentale e finisce per controllare quando arriva l'anno o la data di previsione.

All'inizio un investimento o un risultato può sembrare rivoluzionario, ma un valore può decadere in pochi secondi o giorni, quindi sposare o impegnarsi nella previsione di una criptovaluta è una questione personale, bisogna seguire quella visione e sicurezza basata sui propri studi, per avere le informazioni che permettono di investire.

Attraverso Coinmarketcap, è possibile avere accesso a un grande flusso di dati sulle criptovalute, ecco perché è un mezzo che può essere classificato come uno dei preferiti per questa funzione, riuscendo a notare i seguenti dettagli:

1. **Classifica immersa nei prezzi delle criptovalute**

Una questione come la capitalizzazione di mercato, si riferisce al numero di monete che sono in circolazione, questo dovrebbe essere moltiplicato per il valore della moneta, un esempio di questo è che il Bitcoin ha una capitalizzazione di mercato di 132 miliardi di dollari, che nasce dalla moltiplicazione dei 18 milioni di monete per il prezzo attuale.

Al contrario, nel caso di Ethereum, si sviluppa una capitalizzazione di mercato di 16 miliardi di dollari, che nasce moltiplicando i 109 milioni di monete per il prezzo di ogni ETH, utilizzando Coinmarketcap, questo fattore è coperto come le criptovalute possiedono un ordine dal più alto al più basso basato sulla capitalizzazione.

Questo metodo, aiuta a misurare il valore che esiste su una rete, dove Bitcoin è sempre stato tenuto come uno dei primi, quando una piccola capitalizzazione si pone nel mercato, maggiore è il rischio, ma allo stesso tempo le opportunità di crescita sono maggiori, essendo utile per dedicare investimenti a questo aspetto.

2. Numero di monete in circolazione

Le criptovalute hanno un numero totale di monete, lo stesso vale per i token che sono in circolazione, quindi quando si fa un qualsiasi acquisto di una moneta con l'aspettativa che aumenti di prezzo, sapere chi detiene il 50% della circolazione è un indizio di ciò, poiché, se è parte dei fondatori, non è una mossa molto attraente.

Quando questo aspetto non viene studiato, può presentare una diminuzione del prezzo verso una proporzione drastica, nel caso di Bitcoin, si è generata una distribuzione equa poiché nessuno aveva questa criptovaluta all'inizio, e solo i minatori sono stati premiati per sostenere la sicurezza della rete.

Bitcoin ha 18 milioni di monete in circolazione, dove 21 milioni sono minati in totale, questo fa sì che nessuna azienda, squadra o molto meno persone, può avere più del 50% delle monete totali, allo stesso modo Ripple (XRP), ha 43 miliardi di monete in circolazione su 100 miliardi di monete emesse.

In questo caso, una quantità totale superiore al 50% delle monete che sono in circolazione, sono sotto il controllo dei fondatori, così come i membri interessati, essendo un fattore che per molti non è positivo, questa valutazione dovrebbe essere praticata con ciascuna delle criptovalute.

3. **Proposte di valore e il fattore concorrente**

Nel caso delle criptovalute, hanno una proposta di valore dietro ognuna, cioè la distinzione tra una e l'altra, nel caso per esempio di Bitcoin mantiene una rete molto più sicura e decentralizzata, questo fa sì che possono essere utilizzati per effettuare transazioni che non sono censurate, da qualsiasi parte del mondo.

D'altra parte, ci sono altre criptovalute che cercano di avere questa stessa proposta di valore, ma è un punto difficile da superare Bitcoin, tuttavia, c'è una grande diversità di criptovalute con un alto livello di privacy sulle transazioni come Monero (XMR), Grin (GRIN), e ZCash (ZEC).

Ogni tipo di criptovaluta ha una distribuzione iniziale, oltre agli algoritmi di mining, la propria tecnologia facilita la crittografia, in modo da ottenere una performance ideale su diverse situazioni, questo indica che è un must trovare la proposta di valore della criptovaluta, oltre a conoscere i concorrenti che ha.

Questo rende più facile stabilire se sarà un bene da usare in futuro, perché se due criptovalute hanno lo stesso algoritmo di mining, tutto si concentra su quella con il calcolo più basso, causando che la rete sia più facile da attaccare, quindi non sono sicure.

4. Valuta o token

Nel caso che sia una blockchain propria, così come un token superio che è su un'altra catena, questo implica che quando è un token che utilizza un'altra blockchain la rete è protetta, come è il caso di OmiseGo (OMG), essendo un sistema di pagamento che esercita la catena Ethereum.

Quanto sopra rafforza il livello di sicurezza, perché quando un attaccante cerca di violare OmiseGo, dovrebbe violare Ethereum allo stesso tempo, ecco perché è fondamentale sapere se la blockchain utilizza Proof-of-Work, o anche Proof-of-stake, in questo modo le frodi sono evitate.

Quando una blockchain, ha Proof of Work, significa che ha un livello di calcolo positivo per non essere attaccata, d'altra parte, quando una blockchain ha Proof of Possession, è essenziale capire se c'è una fondazione o un creatore che mantiene più del 50% delle monete.

Un altro punto da indagare è il numero di nodi, poiché questo permette di rendere sicura la rete, in quanto fornisce informazioni su chi la controlla, nel caso di EOS ha solo 21 nodi che sono tenuti a produrre blocchi, mentre Tezos ha più di 400 nodi.

Ci sono anche alcuni fattori tecnici da considerare, perché nell'analisi fondamentale, si prendono in considerazione gli aspetti più utili per entrare in contatto con ciò che sta dietro la criptovaluta, è essenziale scavare il più possibile, in modo che ogni passo diventi una scala sicura.

5. **Volume**

È un valore rappresentato dal volume di compravendita che si genera su base giornaliera, rappresenta un indicatore di interesse che dipende dalle persone che concorrono nel mercato, quindi le criptovalute che hanno più capitalizzazione, sono quelle che occupano i primi posti in qualsiasi top o classifica.

Tutto grazie al fatto che hanno volumi di miliardi di dollari al giorno, ed è anche possibile perché possono essere acquistati sulla maggior parte delle borse, hanno una porta aperta per il commercio, quindi queste piattaforme possono prevedere e spostare una grande quantità di volume, essendo un utile punto di dati.

Ognuno degli scambi sono dedicati a ottenere commissioni per ogni acquisto e vendita di criptovalute, più utenti partecipano a questa dinamica, più soldi ottengono, nel caso di Tezos, è stato uno di quelli che potrebbe sostenere un volume giornaliero di 2 a 5 milioni, ed è stato trascurato dalla maggior parte degli scambi.

Questo è cambiato, essendo incluso sotto Coinbase e Binance trading, come questo ha causato un accumulo di oltre 100 milioni di dollari, più il volume giornaliero con il 100% di apprezzamento sul prezzo, d'altra parte, i volumi bassi sono un indicatore di ciò che è fuori dal radar degli utenti.

Quando sono presenti fondamentali solidi, non c'è dubbio che il volume genera un comportamento crescente, e le borse finiscono per smaltire l'offerta di questa valuta nella loro borsa.

6. La comunità

Le blockchain, sono sviluppate dalle persone che usano questi beni, perché il loro contributo è un miglioramento, ed è dovuto a diversi interessi, ecco perché la ricerca sui social network e forum è essenziale, perché aiuta a conoscere la quantità di persone che sono dietro una criptovaluta.

Quando c'è una comunità forte e impegnata, le possibilità che sia una criptovaluta che abbia una sopravvivenza a lungo termine sono aumentate, uno dei progetti che ha fatto tendenza è GRIN perché è finanziato da donazioni, quel tipo di nascita segna la tendenza nel mondo finanziario.

Prendendo come riferimento tre criptovalute di grande popolarità e potenziale, come Tezos, ZCash ed Ethereum, puoi praticare questa analisi fondamentale su ciascuna di esse:

- **Analisi fondamentale di Tezos**

La criptovaluta Tezos ha la modalità o il funzionamento di avere blockchain di tre proposte di valore, dove sono integrati i contratti intelligenti, la restrizione della blockchain e lo sviluppo Proof-of-Stake per procura, ed è considerata come una delle blockchain più impegnative.

La blockchain decentralizzata di Tezos (XTZ), permette di eseguire le transazioni di cui sopra, e il suo design cerca di correggere gli errori che sono stati fatti o ha avuto Ethereum, tutto grazie al fatto che ha meccanismi di miglioramento efficiente, e non genera alcun tipo di conflitto sulla comunità.

Per quanto riguarda l'analisi fondamentale, il consenso è stato raggiunto, sulla base del fatto che il test di possesso determina se si possiede un certo numero di token, per essere considerato come il meno interessato a eseguire qualche tipo di frode, d'altra parte, la banca ha un tempo di blocco obiettivo vicino a un minuto.

Circa l'80% dei token sono bancari, ogni 4.096 blocchi sono soddisfatti in circa 3 giorni per completare il ciclo, per passare a pagare le ricompense, per l'aspetto di aggiornamento del protocollo, è di circa 4 voti, con un ciclo di 3 mesi.

Inoltre, il linguaggio di programmazione che viene implementato, è conosciuto come OCaml, un altro aspetto che viene studiato sono le transazioni giornaliere che si tengono in 20.000 e 40.000, e ha anche raggiunto un picco di 100.000 transazioni, un valore importante sono gli indirizzi attivi, poiché il valore di una rete è stimato come il quadrato del numero di utenti nel sistema.

- **Analisi fondamentale di ZCash**

In generale l'analisi che corrisponde a Zcash determina una blockchain, è dedicata sul protocollo Bitcoin, possiede una grande somiglianza, ha anche un livello di privacy opzionale, questi studi si basano sulla tecnologia interessante dietro la criptovaluta, per avere accesso a un margine maggiore di privacy.

Un dettaglio analizzato sotto questo scenario, è la proposta di valore e concorrenti, poiché i dati sono protetti, dal mittente, l'importo e anche il destinatario, perché le transazioni hanno una firma unica, questo aiuta la quota di mercato di ZCash su queste valute raggiunge il 17%.

Il suo lato indipendente di avere la propria moneta, facilita tutto con il suo algoritmo di mining, questo è chiamato come Equihash, e la capitalizzazione di mercato ha raggiunto 2,7 miliardi di dollari, in base a queste informazioni determina il picco massimo che il mercato presenta.

D'altra parte, la quantità di monete in circolazione è un concetto da gestire, perché ciò che è stato estratto può proiettare un futuro prossimo su quella criptovaluta, aiutando a sapere in che tipo di periodo si trova la tecnologia, per esempio, in questo caso passa attraverso una fase di alta emissione.

In mezzo a queste considerazioni, si aggiunge la questione del volume, per considerare che Zcash ha un'alta liquidità come criptovaluta, facilita anche l'esecuzione di grandi acquisti senza avere un impatto diretto sul prezzo, per garantire qualsiasi misura può essere fatto un confronto con il numero di transazioni giornaliere.

Ogni valore che viene trasferito all'interno della rete è stimabile, anche se non è un'informazione indispensabile per conoscere il futuro della criptovaluta, e prima di qualsiasi situazione, è possibile consultare la comunità dietro questo bene, in quanto rilascia aggiornamenti sugli sviluppi e le discussioni relative al bene.

- **Analisi fondamentale di Ethereum**

Gli studi delle incidenze di Ethereum, iniziano determinando o stimando che è uno dei primi blockchain con contratti intelligenti, dove c'è la possibilità di programmare alcune applicazioni decentralizzate, tra i fattori di studi incorpora l'aggiornamento del protocollo.

Ognuno dei partecipanti all'interno di quella rete, effettua un "hard-fork", inoltre c'è Ethereum 2.0, dove c'è una riprogettazione completa della rete, inoltre ci sono gli aggiornamenti, basati su un cambio di algoritmo di mining che è esposto al cambiamento, e fa parte del "Programmatic proof-of-work".

Su un altro livello, comporta lo studio della potenza di calcolo dedicata, che si misura come un valore per aumentare in futuro, cercando di raggiungere un livello massimo, in mezzo a queste stime non può essere trascurato l'inflazione, che è stato un valore ricorrente su base annua.

D'altra parte, l'uso della rete è importante, con l'uso di blocchi di transizione, e per quanto riguarda le transazioni in sospeso, dove non è sufficiente per il tipo di domanda delle applicazioni che operano sulla rete, per cercare sollievo sulla rete, si applicano alcune azioni di decongestione.

Un aspetto altrettanto importante sono le transazioni giornaliere, in questo caso raggiungono un massimo storico del 30%, dove ogni numero di operazioni è direttamente correlato al prezzo della valuta. Un dettaglio essenziale è il numero di nodi, dato che ha 6700 nodi attivi, il che causa la mancanza di attrezzature costose.

Inoltre, le dapps contare e mantenere una quantità di circa 200.000 utenti attivi su base mensile, d'altra parte, le informazioni delle tendenze di Google in tutto il mondo, sono un riferimento fisso per non perdere traccia delle occorrenze di criptovalute, e in questo caso gioca un ruolo chiave per conoscere gli aumenti.

www.ingramcontent.com/pod-product-compliance
Lightning Source LLC
Chambersburg PA
CBHW070443220526
45466CB00004B/1762